Inhalt

Fotos: Über Adobe-Stock: Seite 2-3, 18-19: Steve, S. 5: Sharier, S. 8: gustavofrazao, S. 9 r.: tigatelu, S, 10 u.: vvoe, S. 11: Nataliia, S. 12-13: Sina Ettmer; S. 12 o.: Karin Jähne; S. 12 u.l.: dieter76; S. 12 u.r.: Natalia; S. 13 u. : Raphael; S. 13 o.r.: Krzysztof; S. 14 o.: Anne; S. 14 u., 19 u.r.: Kevin Oke Photograph; S. 15 o.: Steven; S. 16 u., 17 u.r.: Marc Scharping; S. 18 u.: Steve Samoyedny; S. 20: nialat; S. 21: kellyplz; S. 22-23: kellyplz; S. 22 u.l.: Pentagonien; S. 22 u.r.: Schmutzler-Schaub; S. 24-25: John; S. 25 o.l.: hkuchera; S. 25 u.l.: Yaroslav; S. 26 u.l.; SOlgaLIS; S. 26 u.r.: S. 27 o.: ding; S. 27 u.r.: StockHouse; S. 28 u.l.: Jeffrey Vlaun/Wirestock Creators; S; 28-29: dieter76; S..30-31: RalfenByte; S. 30 o.l.: Petra Kohlstädt; S. 31 o.r.: Maelgoa; S. 32: Marc Scharping; S. 34-35: Von Patrick J.; S. 36-36: AVTG; S. 36 u.l.: S. 36 u.r.: Alexey; S.37 u.: Eric Isselée; S. 38-39: Pawel; S. 40: Branislav; S. 40 l.: emranashraf; S. 42-43: Winston Wolf; S. 42 o.: Landshark1; S. 42 u.r.:valleyboi63; S. 43 u.l.: chas53; S. 43 M.r.: Norbert; S. 43 u.r.; S. 44 u.l.: S. 44 o.r.: slowmotiongli; S. 44u-r.: veroja; S. 45 o.r.+ u.r.:hototrip.cz.
Über shutterstock: U 1: U 4: Gerald A. DeBoer; L-N; S. 7o.: Kanell Bulle, S,8 o.r.: Jim Nelson; S. 15 u.: jadimages; S. 16-17: Svetlana Rey; S. 23 u.: Eric Isselee; S. 23 o.r.: Julija Ogrodowski;
S. 24 u.: jo Crebbin; S. 26-27: dugdax; S. 29: StelsONe; S. 30 u.r.: Heiko Kiera; S. 31 u.: Jay Ondreicka; S. 33: Anton Rogozin; S. 33 o.: Gerald A. DeBoer.
Andere: S. 4 Carsten Volkwein, S. 10 l.: unbekannt, S.14-15: Fischer-Nagel; S. 17 u.l.: JackBullmer; S. 17 o.r. SHAWSHANK66; S. 25 o.r.: pixabay 26610376;

Brunnenstraße 7, D-34286 Spangenberg
Tel.: 05663-280, Fax: 05663-6562
E-Mail: fischer-nagel@t-online.de, URL: www.fischer-nagel.de

Layout: Andreas Fischer-Nagel
Druck: optimal media, Röbel

ISBN 978-3-930038-78-7

FSC
www.fsc.org
MIX
Papier aus verantwortungsvollen Quellen
FSC® C108521

Heiderose und Andreas Fischer-Nagel

Neugierige Waschbären

Verlag Heiderose Fischer-Nagel

Klettermaxe Waschbär

Vor vielen Jahren zogen wir von der Stadt auf das Land und wohnen seitdem in einem alten Fachwerkhaus. Das klingt zunächst nicht so spannend, aber du wirst staunen, was sich da so alles ansiedeln kann.
Nicht nur, dass ganzjährig die Mäuse durch die Zwischendecken toben, Wespen und Hornissen auf dem Dachboden oder in den Jalousiekästen ihr sommerliches Zuhause finden, gerade ist ein ganzer Bienenschwarm gemütlich brummend in der Holzdecke unseres Wohnzimmers eingezogen. Und erst vor Kurzem schreckten wir von dem lauten Geschnarche eines weiteren Untermieters aus dem Schlaf. Doch wer oder was konnte das sein?

Schon bald entdeckten wir die typischen Spuren: handförmige Fußabdrücke im Garten, die zu unserer mit Efeu bewachsenen Hauswand führten.
Es war unübersehbar, dass dort »etwas« regelmäßig hinauf- und hinunterkletterte. Ein kleiner Eingang führte oben in den Dachboden.
Also legten wir uns auf die Lauer und staunten nicht schlecht, als wir schließlich einen moppeligen Waschbären ertappten, der als Untermieter bei uns Quartier bezogen hatte.

Ob auf dem Land oder in der Stadt, längst ist der Waschbär weit verbreitet und treibt als flinker, gewitzter, höchst intelligenter Klettermaxe sein Unwesen.

Wo er sich einquartiert, sorgt er für Unordnung und wird oft als möglicher Nahrungskonkurrent unserer heimischen Tiere gesehen. Gefährlich ist der kleine Bär, der zur Familie der Kleinbären gehört, jedoch nicht.

Ob der Waschbär seinen Namen hat, weil er ständig irgendetwas im Wasser zu waschen scheint? Tatsache ist, dass er alles mit den Händen nimmt und gerne im Wasser hantiert. Warum? Das werden wir noch erfahren.

Einwanderer Waschbär

Der Waschbär stammt aus Nord- und Mittelamerika. Früher schätzten indigene Völker seine Geschicklichkeit bei der Nahrungssuche sowie seine Listigkeit und glaubten, dass er über magische Kräfte verfüge.
Bei manchen Ritualen und Festen ähnelte deshalb ihre schwarze Gesichtsbemalung der Maske der Waschbären.

Ein Waschbär wurde das Maskottchen der olympischen Winterspiele 1980 in Lake Placid (USA) .
Weil Waschbären hübsche, drollig anzuschauende Tiere sind, haben sie es auch in mehreren Ländern auf Tierbriefmarken »geschafft«. Bei uns in Deutschland, gab es im Jahr 2019 in der Briefmarkenserie »Tierkinder« eine Briefmarke, die zwei junge Waschbären zeigt.

Auch in anderen Ländern wurde er auf Briefmarken abgebildet.
Einige, die wir gefunden haben, siehst du hier:

Frankreich 1973 und 2007

USA

Bahamas

Nicaragua

El Salvador

Das ostafrikanische Land Ruanda hat sogar einen hübschen Briefmarken-»Block« mit dem Waschbären herausgegeben.

Berühmt wurde der Waschbär »Meeko« in der Geschichte der Häuptlingstochter Pocahontas als der, der »mit seinen Händen reibt, schrubbt und kratzt«. Diese vor mehreren hundert Jahren entstandene Geschichte kennst du bestimmt aus der Zeichentrickverfilmung von Walt Disney.

In einigen lustigen Kinderbüchern nimmt der gezeichnete Waschbär zuweilen die Rolle des schlauen, gerissenen Helden ein.

Kostbarer Pelz

Wenn der Waschbär eigentlich in Amerika zu Hause ist, wie kam er dann zu uns?
Christoph Kolumbus, der »Entdecker« Amerikas, war der erste, der auch von dem kleinen bärenähnlichen Tier berichtete.
Bis lebende Waschbären nach Europa gelangten, dauerte es aber noch sehr lange.
Beliebt waren jedoch schon lange die wunderbar dichten und wärmenden Felle der Waschbären, die Händler aus Amerika mitbrachten und die bei uns zu Jacken, Mänteln und Mützen verarbeitet wurden. Deshalb errichtete man auch in Europa Pelztierfarmen, die Tiere, auch Waschbären, heranzüchteten, um ihre Pelze zu vermarkten.

In Deutschland sind Pelztierfarmen seit einigen Jahren verboten und zum Glück tragen die meisten Leute ohnehin nur noch Kleidung mit Kunstfellbesatz.

Aus solchen Farmen und vielleicht auch aus Zoos brachen Waschbären vermutlich gelegentlich aus und versuchten, in freier Wildbahn zu überleben. Meist aber ohne längeren Erfolg.
Erst 1934 brachte man auf Betreiben hessischer Jäger zwei Waschbärpärchen über den Atlantik nach Europa, genauer gesagt in das Gebiet am Edersee, um die heimische Tierwelt zu bereichern. Wer hätte damals gedacht, dass sie sich so stark vermehren? Man kann sagen, dass fast alle europäischen Waschbären von diesen beiden Paaren abstammen.
Heute findest du Waschbären überall in Europa. Bestimmt sind es schon über eine Million Tiere – und es werden ständig mehr!

Schnell lebten sich die putzigen Bärchen mit der auffallenden Augenmaske in den Laub- und Mischwäldern mit klaren Seen und Bächen ein und vermehrten sich rasant.
Weitere Waschbären brachen später in Brandenburg aus Pelztierfarmen aus. Sie gewöhnten sich an ihre Umgebung und besiedelten ihren neuen Lebensraum.
Übrigens: Eine von Menschen mitgebrachte und freigelassene neue Tierart gilt als Einwanderer, ein »Neozoen«, wie ihn die Biologen nennen.

Hauptstadt der Waschbären!

In der Stadt Kassel in Nordhessen zählt man tatsächlich die meisten Waschbären! Vom Edersee bis nach Kassel war es für die Waschbären ja auch nur »ein Katzensprung«.
Am Rande der Stadt, im Bergpark Wilhelmshöhe, mit viel Wasser leben sie in den alten Bäumen und faszinieren die Besucher mit ihrer Zutraulichkeit.
Unzählige Butterbrote, Kekse und Obststückchen nehmen sie direkt aus der Hand der begeisterten Besucher oder machen sich in den Mülleimern auf die Suche nach Resten.
Inzwischen ist der Waschbär in Deutschland heimisch, so, wie viele andere einst

eingewanderte Arten auch. Zu ihnen gehören z.B. unter anderen Wanderratten, Fasane, Kaninchen und Marienkäfer. Waschbären findest du außer in Amerika und Europa auch in Japan, dem Kaukasus und Weißrussland.
Einige Tierarten gelangen auch selbstständig in neue Gebiete, wenn sie auf einer Wanderung sind, um neue Nahrungsgebiete oder einen Partner zu finden. Manche werden von Menschen vertrieben und müssen sich ein neues Revier suchen.
Einige werden jedoch, wie z.B. die Waschbären, bewusst aus ihrer Heimat gerissen und in andere Länder mitgenommen, andere reisen zufällig als blinde Passagiere mit.

Zu Hause im Baum

In Laub- und Mischwäldern mit Buchen und Eichen, in Auen, Sumpfgebieten und immer in der Nähe von Wasser, finden Waschbären ihren Lebensraum.
Die Größe ihrer Reviere richtet sich nach dem Nahrungsangebot und ist deshalb meist recht groß. Als dämmerungs- und nachtaktive Tiere verschlafen sie den Tag in einem sicheren Versteck. Dabei wollen Waschbären unentdeckt bleiben, leise und heimlich leben, unerreichbar in schwindelerregender Höhe und unbehelligt vom Menschen sein.
In kuscheligen Baumhöhlen in luftiger Höhe fühlen sie sich sicher, bringen ihre Jungen zur Welt und ruhen darin im Winter.
Taglager finden sich in Steinbrüchen, alten Fuchs- und Dachsbauten und im dichten Gebüsch.
Die Stadt-Waschbären oder die in Dorfnähe lebenden finden Plätze auf Dachböden, in Scheunen und Gartenhäuschen.
Trocken und kuschelig soll es sein und besonders sicher, wenn sie ihre Jungen zur Welt bringen.
Haben sie ausgeschlafen, geht es kletternd kopfüber in die Tiefe. An den Bäumen kannst du die Spuren ihrer Krallen entdecken, mit denen sie sich wie Bergsteiger absichern und problemlos die Stämme hinuntergelangen.
Der Wald bietet ihnen nicht nur Unterschlupf, sondern Nahrung und Wasser.
Aber was steht bei den Waschbären auf dem Speiseplan und wann sind sie auf Nahrungssuche?

Nachts auf Tour!

Der pelzige »Ganove« ist am liebsten nachts unterwegs. Er gehört zu den dämmerungs- und nachtaktiven Tierarten. Erst morgens, wenn wir langsam aufwachen, trollt er sich, müde von der Nahrungssuche, in sein Versteck zurück. Kannst du dir vorstellen, dass er jede Nacht dabei um die acht bis zehn Kilometer zurücklegt, um genügend Nahrung zu finden? In der Zeit, in der er Junge hat, muss er tagsüber ebenfalls auf Nahrungssuche gehen, denn die kleinen Waschbären haben stets Hunger. Waschbären sind Allesfresser: Während der Sommermonate fressen sie wirbellose Tiere, wie Schnecken, Käfer und Würmer, aber auch Kriechtiere, Lurche, nestjunge Vögel, Fische und kleine Säugetiere. Im Herbst stehen allerlei Obst und Nüsse auf ihrem Speiseplan.

Zur Erntezeit sitzen sie in den Obstbäumen und schlagen sich die Wampe voll. Das reife Obst ist ein rechtes »Schmeckewöhlerchen«, wie man in Hessen sagt, also etwas sehr Leckeres für bärige Schleckermäulchen.

Waschen Waschbären?

In den Bächen kannst du die Waschbären beim Rühren beobachten. Sie suchen nach kleinen Krebsen, Muscheln und Larven. Diese Eigenart erweckt beim Beobachter den Eindruck, dass sie ihre Nahrung waschen.

Das ist aber nicht so, vielmehr befühlen sie alles, um zu prüfen, ob es essbar ist. Die Pfoten des Tieres sind extrem tastempfindlich. In der Natur finden sie tatsächlich die meiste Beute im Wasser. Die Eigenart, darin zu suchen, übertragen sie auf jedes andere Futter. Das bedeutet, dass sie auch alles andere, was sie an Land finden, wenn möglich erst einmal in den Bach bringen, um es dort besser befühlen zu können. Das Verhalten, das Futter im Wasser zu untersuchen ist ihnen angeboren.

Die beiden kleinen Waschbären, die wir kurzzeitig in Pflege hatten, brachten auch alles aus dem Futternapf in die Wasserschüssel, um es zu untersuchen, selbst wenn es eine vergessene, nicht essbare Brille war.

Auch zahme Waschbären »waschen« ihr Futter gerne im Wassernapf.

Schwarze Augenmaske

Waschbären bilden eine eigene Gattung im Tierreich und sind mit den Kleinbären, die sich oftmals durch einen langen geringelten Schwanz auszeichnen, verwandt.
Typisch für sie ist die Gesichtsmaske, die sich schwarz und breit über die Wangen, die Augen und den Nasenrücken erstreckt und sich zusätzlich durch den außen herum anschließenden weißen Fellstreifen markant abhebt.
Kein Wunder, dass der Waschbär mit diesem Aussehen viele Menschen an »Zorro« oder an »Ganoven und Panzerknacker« erinnert.

Waschbären sind mit einer Körperlänge von 40 bis 70 Zentimetern ungefähr so groß wie große Hauskatzen. Hinzu kommt der 20 bis 40 cm lange Schwanz.

Die Weibchen erreichen im Sommer ein Gewicht von vier, die Männchen bis zu sechs Kilogramm. Vor dem Winter kommen noch ein paar Kilo Fettschicht hinzu, denn in der Zeit der Winterruhe zehren sie von ihrer Reserve, weil sie draußen nichts Passendes zu futtern finden. Kurz vor der Winterszeit wächst das Gewicht des Waschbären bis auf 20 Kilogramm an. Winterruhe bedeutet jedoch, dass sie nur ruhen und ihre Körperfunktionen nicht so drosseln, wie es z.B. die Igel machen.

Lange Finger

Mit ihrem dicken, schönen, langhaarigen und dichten braungrauen Pelz mit schwarzem Deckhaar sieht das »Bärchen« recht puschelig aus. Nur an den Beinen ist das Fell kurz, wodurch die eigentlich kurzen Beine eher lang aussehen. Neben Fell und Maske sind es die schlanken, mit einer dünnen Hornschicht überzogenen Vorderpfoten mit den langen, fingerartigen Zehen, die die Waschbärspur unverwechselbar machen. Dennoch kann er damit nicht so toll greifen, wie wir oder die Affen es können.

Die Hinterpfoten werden beim Laufen nicht komplett aufgesetzt. Der Waschbär ist also ein »Halbsohlengänger«. Hat er es eilig, flitzt er im »Passgang« auf seinen kurzen Beinen. Dabei setzt er immer die Pfoten einer Seite gleichzeitig auf, so, wie du es vielleicht schon einmal bei Islandpferden gesehen hast, die neben den üblichen Pferdegangarten auch diesen Passgang beherrschen.

Beim Laufen sieht er etwas buckelig aus, ein Bärchen mit rund aufgewölbtem Rücken, das Hinterteil etwas hochgereckt. Aber, so schwankend der Gang auch erscheint, erreicht er doch eine Geschwindigkeit von bis zu 25 km/h.

Zu Fuß auf flachem Boden erscheint er uns gar nicht so schnell, aber beim Klettern hat er stets die Nase vorn. Außerdem ist er ein super Schwimmer. Muss er sich verteidigen oder seine Jungen beschützen, offenbart er sein typisches Raubtiergebiss und weiß seine scharfen, nicht einziehbaren Krallen einzusetzen.

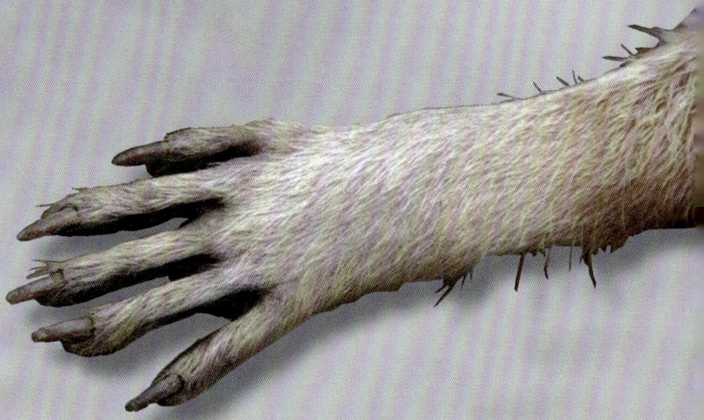

Immer der Nase nach

Ob bei der Futtersuche oder in der Paarungszeit, es geht immer der Nase nach!

Waschbären können nicht so gut sehen, was ja typisch für die nachtaktiven Tiere ist. Ihr Gehör- und Geruchssinn ist deshalb umso feiner ausgeprägt.
Mit ihren kleinen, aufgestellten Ohren erlauschen sie die Käfer im Laub, Schnecken im Gras und Würmer auf dem Boden. Ihre schwarze Knubbelnase lässt sie die besten Delikatessen erschnuppern und natürlich auch in Frage kommende Partner, sobald die Paarungszeit naht.

Partnersuche und Paarung

Lange gingen Verhaltensforscher davon aus, dass Waschbären Einzelgänger sind. Inzwischen weiß man, dass sich miteinander verwandte Fähen – also Weibchen – ein Gebiet sowie Futter- und Schlafplätze teilen.
Rüden können ebenfalls, selbst wenn sie nicht miteinander verwandt sind, in Trupps mit bis zu vier Tieren angetroffen werden, die sich zur Paarungszeit sogar gegen fremde Rüden, die in das Gebiet eindringen, verbünden.
Die Rüden sind in der Ranzzeit, zwischen Januar und März, auf der Suche nach einem paarungsbereiten Weibchen. Dafür wandern sie nächtelang kilometerweit herum. Begegnen sich einander fremde, ausgewachsene und geschlechtsreife Rüden im Revier paarungsbereiter Weibchen, kommt es zu erbitterten und lauten Kämpfen zwischen den sonst recht friedlichen Rüden.
Die Weibchen haben eine drei- bis viertägige Empfängniszeit. Das stärkste Männchen wirbt heftig um das Weibchen. Nach einigen gemeinsamen Nächten verscheucht die Fähe das Männchen und macht sich auf die Suche nach einer geeigneten Wurfhöhle.

Zunächst böses Fauchen und Abwehr, dann Kontaktaufnahme und zaghaftes Beschnuppern. Nach einiger Zeit Paarung und einige Tage freundliche Gemeinschaft.

Sichere Höhle für Rabauken

Ende März, Anfang April wirft die Waschbärin in einer sorgfältig ausgepolsterten und ausgesuchten Baumhöhle ihre Jungen. Die Stadtwaschbären ersetzen die Bäume durch Dachböden und Schuppen. Entscheidend für die Wahl der Wurfhöhle ist, dass nur die Waschbärin allein diesen Ort kennt. Selbst ein Männchen wäre eine zu große Gefahr für ihren Nachwuchs. Nach einer Tragzeit von ca. 65 Tagen werden die kleinen Waschbären geboren.

Ähnlich wie ein Hamsterweibchen sitzt die Mutter bei der Geburt aufrecht. Die zehn Zentimeter kleinen, ungefähr 70 Gramm leichten Jungen haben sehr spärliches, zunächst gelbliches Fell. Ihre Augen und Ohren sind geschlossen. Aber das Waschbärtypische, die »Zorromaske« und der geringelte Schwanz der Tiere lässt keinen Zweifel zu, um was für Jungtiere es sich handelt. Gleich nach der Geburt leckt die Waschbärin ihre Jungen trocken, beißt die Nabelschnur durch und schubst sie Richtung Zitzen. Die erste Milch ist besonders wertvoll. Waschbären beherrschen etwa 13 verschiedene Lautäußerungen, um sich zu verständigen. Allein sieben davon dienen der Unterhaltung zwischen Mutter und Jungen. Aus den Wurfhöhlen hört man zum Beispiel ein regelrechtes Vogelzwitschern der Neugeborenen.

Drei Tage lang verlässt die Mutter die Höhle nicht, doch dann treibt der Hunger sie in die dunkle Nacht. Sie braucht Kraft, muss fressen, um ihre Jungen mit genügend Milch zu versorgen. Nacht für Nacht ist sie ein wenig länger unterwegs, kommt erst in den Morgenstunden zurück, wo sie schon sehnsüchtig erwartet wird. Nach der langen Nacht knurrt den Kleinen ordentlich der Magen. Endlich werden sie gesäugt und geputzt. Durch das intensive Lecken und Putzen wird die Verdauung der Jungen angeregt. Die Mutter nimmt die Ausscheidung auf, damit die Höhle nicht riecht und ihre Jungen von Feinden unentdeckt bleiben.

Kleine Racker

Zuerst schlafen die Jungen viel. Doch wenn sich am 13. Tag ihre Ohren öffnen und schließlich ab dem 24.Tag die Augen, spielen und raufen sie miteinander, wenn die Mutter unterwegs ist. Da sie ab der vierten Woche zu der Muttermilch feste Kost bekommen, wachsen sie schnell.

Schon nach sechs bis neun Wochen wiegen die Kleinen ungefähr ein Kilogramm und sind kräftig genug, um zu raufen und zu klettern. Doch Klettern und Festhalten muss zunächst geübt werden. Als Übungswand dient die Höhle selbst. Die Mutter setzt sich so weit wie möglich oben in die Wand. Die Kleinen klettern noch nicht sofort los, sondern üben zunächst das Festhalten. Es dauert ein Weilchen, aber sie werden jeden Tag geschickter und sicherer und bald geht es in der Waschbärhöhle an den Wänden hinauf und hinunter. Schließlich lugen sie das erste Mal zum Höhleneingang hinaus.

Je wilder sie werden, umso weniger Zeit verbringt die Mutter bei ihnen und schließlich, wenn sie ungefähr acht Wochen alt sind, wartet sie draußen am Erdboden und sendet Lockrufe nach oben. Zuerst schauen die Bärchen nur neugierig heraus, aber der Lockruf ist so verführerisch, dass sie den Abstieg wagen. Kaum ist das letzte Junge am Boden, zieht die Mutter mit ihnen zum ersten Streifzug los.

Wie aufregend das ist! Ängstlich drängen sich die Kleinen an die Mutter, verfolgen sie eilig, um nicht den Anschluss zu verlieren. Im feuchten Boden entdecken sie Würmer und am nahe gelegenen Bach, in dem die Mutter mit den Vorderpfoten den Boden abtastet, finden auch die Kleinen schmackhafte Leckerbissen.

Zur Geburtshöhle allerdings geht es nie mehr zurück. Vielmehr nutzen Mutter und Junge andere Baumhöhlen und begegnen dabei manchmal den weiblichen Verwandten der Mutter, die teilweise ebenfalls Junge mit sich führen.

Nächtlich lernen die Jungen dazu. Die Mutter zeigt ihnen, wo sie etwas zu fressen finden und erst in den frühen Morgenstunden, wenn die Bäuche gut gefüllt sind, sucht sich die kleine Familie in einem Baum einen sicheren Platz zum Schlafen. Im Nu vergeht der Sommer.

Bald auf eignen Wegen

Die Kinderzeit der Waschbären ist schnell vorbei. Längst streifen sie eigenständig durch ihr Wohngebiet. Spätestens im Herbst verlassen die männlichen Jungtiere das Wohngebiet und suchen sich neue Reviere, wo sie sich ab ihrem zweiten Lebensjahr paaren und für Nachwuchs sorgen können. Das Abwandern der männlichen Jungtiere hat den Vorteil, dass es nicht zur Inzucht kommt. Die weiblichen Jungtiere bleiben. Sie werden schon mit knapp einem Jahr geschlechtsreif.

Hier wohnen wir!

Jedes Revier wird gründlich markiert. Waschbären hinterlassen ihre Duftmarken, das heißt, sie markieren besondere Stellen mit Kot, Urin sowie einem Sekret aus der Analdrüse. Sie setzen somit einen unsichtbaren Zaun rund um ihr Wohngebiet.

Ein besonderer Informationsort darin ist die Waschbär-Latrine, eine Art Toilette, die regelmäßig genutzt wird. Welcher Waschbär auch immer daran vorbeikommt, er erfährt viel über den oder die Bewohner dieses Gebietes.

Waschbärkot

Zum Verwechseln ähnlich – der Marderhund

Ebenfalls ein Neubürger bei uns ist der dem Waschbären fast zum Verwechseln ähnlich sehende Marderhund, der Enok. Auch er ist ein Einwanderer, stammt aber ursprünglich aus dem östlichen Sibirien und dem nordöstlichen China, der koreanischen Halbinsel und Japan. Anders als der Waschbär ist er kein Kleinbär sondern gehört zur Familie der Hunde. Dennoch hat er eine sehr ähnliche Lebensweise, nur dass er nicht klettern kann. Seine 10 bis 12 Jungen zieht er in Erdbauen von Fuchs und Dachs auf und verbirgt sich im dichten Gebüsch.

Seine Laute ähneln denen eines Hundes, besonders das Heulen und Winseln, aber auch katzenähnliches Miauen gehört zu seinen Lautäußerungen.

Doch eines unterscheidet die Gefährlichkeit der Einwanderer voneinander. Während man dem Waschbären nachsagt, dass sich seine Anwesenheit nachteilig auf die heimischen Tierarten auswirkt, ist der aus Asien stammende Marderhund möglicherweise Zwischenwirt für gefährliche Krankheitserreger, wie z.B. Viren wie Sars-CoV-2.

In Japans Fabeln spielt er als TANUKI eine traditionelle Rolle als Meister der Verkleidung und Gestaltsveränderung.

Besonders auffallend anders als bei Waschbären ist der typische, nicht geringelte »Hundeschwanz«.

Feinde des Waschbären

Waschbären haben kaum Feinde. In ihrer Heimat Amerika schon eher als bei uns. Hier sind es gerade der ebenfalls seltene Uhu oder die in Ausbreitung begriffenen Wölfe und Luchse. Das sind jedoch Feinde, die aufgrund ihrer ziemlich geringen Anzahl keine Gefahr für die Waschbärpopulation darstellen.
Eher gefährlich sind bei einer großen Anzahl der Tiere auf kleinem Raum Erkrankungen durch Viren und Bakterien, Staupe und Fuchsräude sowie Befall durch Spulwürmer. Tollwut kommt in Deutschland so gut wie gar nicht mehr vor. In strengen Wintern verhungern junge Waschbären.
Ein gefährlicher Feind ist der Mensch. Allein im Straßenverkehr sterben viele Waschbären, besonders auf Autobahnen und Landstraßen. Bei uns im Raum Kassel liegen oft überfahrene Tiere auf den Straßen.

Wenn Waschbären einen Einschlupf in ein Haus finden, kommen sie herein, richten sich häuslich ein und untersuchen die ganze Einrichtung.

Als Nachbar unbeliebt

Der Waschbär in unserem Dachboden war ein Weibchen, das uns eines Tages mit vier Jungen überraschte. Jede Nacht wanderten sie über unser Wintergartendach zu einem Pflaumenbaum, um dort gemütlich hinunterzusteigen. Sie erforschten das Grundstück nach Futter, saßen im Herbst tatsächlich im Birnbaum und ließen es sich schmecken. Obwohl ihnen eine gewisse Zerstörungswut nachgesagt wird, haben sie bei uns keinen Schaden angerichtet. Dennoch werden sie von vielen Menschen gehasst und sind verständlicherweise unerwünschte Untermieter. Am sichersten ist es, dafür zu sorgen, dass Waschbären keinen Zugang ins Haus finden.

Jeder sollte wissen, dass man Waschbären nicht einfach wegfangen und woanders aussetzen darf. Wer einen fängt, muss ihn eigentlich als Haustier behalten oder töten lassen.

Selbst wenn Waschbären nicht allein dafür verantwortlich gemacht werden können, dass bei uns heimische Tier- und Vogelarten verschwinden, ist es verständlich, dass die Zahl der Waschbären eingeschränkt werden muss.
Gerechterweise muss man auch die Bedingungen unserer Umwelt für seltene Arten im Auge haben. Wenn wir Moore entwässern, Teiche zuschütten, Landschaften zuasphaltieren, machen wir uns selbst schuldig am Artensterben.

Die Verwandtschaft
Kleinbären

Wie du schon gelesen hast, gehören die Waschbären zu den Kleinbären. Davon gibt es 14 verschiedene Arten, z.B. den Cozumel Waschbär, den Krabbenwaschbär, Nasenbären, Wickelbären, Katzenfretts und Makibären. Sie sehen alle recht unterschiedlich aus, aber fast alle haben ein gemeinsames Merkmal: den geringelten Schwanz.

Krabbenwaschbär

Katzenfrett

Der Krabbenwaschbär *(oben)* hat ein riesiges Verbreitungsgebiet, das sich über fast ganz Südamerika erstreckt. Er jagt überwiegend am Boden und frisst Weichtiere, Krebse, Fische, Amphibien, aber auch Palmnüsse und Früchte.
Die zierlichen Katzenfrette *(rechts oben)* erinnern mit ihrem schlanken Körper an Schleichkatzen. Sie leben in Nordamerika und dem Südwesten der USA bis hin nach Mexiko und Panama und besiedeln je nach Art Steppen- und Buschland oder den tropischen Regenwald. Katzenfrette werden zur Nagetierbekämpfung eingesetzt.

Südamerikanischer Nasenbär

Sie selbst werden Opfer von Uhu und Luchs.
Der Südamerikanische Nasenbär *(unten links)* ist ein Waldbewohner. Er ist tagaktiv, sucht seine Nahrung am Boden, schläft, paart sich und zieht seine Jungen in den Bäumen auf. Die Balance in luftiger Höhe ermöglicht ihm sein Schwanz. Anders als unsere Waschbären haben Nasenbären die auffällig langgezogene, sehr bewegliche Schnauze.
Der nachtaktive Makibär *(oben rechts)* ist dagegen selten auf dem Boden. Er mag am liebsten Früchte und frisst nur ab und zu Insekten und kleine Wirbeltiere.
Der Weißrüssel-Nasenbär *(unten rechts)* lebt in Feucht- und Trockenwäldern, aber auch in der Savanne und den dichten, an Flüssen gelegenen Galeriewäldern. Auf seinem Speiseplan stehen Spinnen, Skorpione, kleine Wirbeltiere und Früchte. Sein Schwanz ist weniger deutlich geringelt als der der anderen Kleinbären.

Makibär

Weißrüssel- Nasenbär

Unsere weiteren Fotosachbücher: brillant, informativ,

978-3-930038-45-9

978-3-930038-13-8

978-3-930038-24-4

978-3-930038-17-6

978-3-930038-74-9

978-3-930038-15-2

978-3-930038-04-6

978-3-930038-64-0

978-3-930038-90-9

978-3-930038-38-1

978-3-930038-95-4

978-3-930038-25-1

978-3-930038-87-9

978-3-930038-46-6

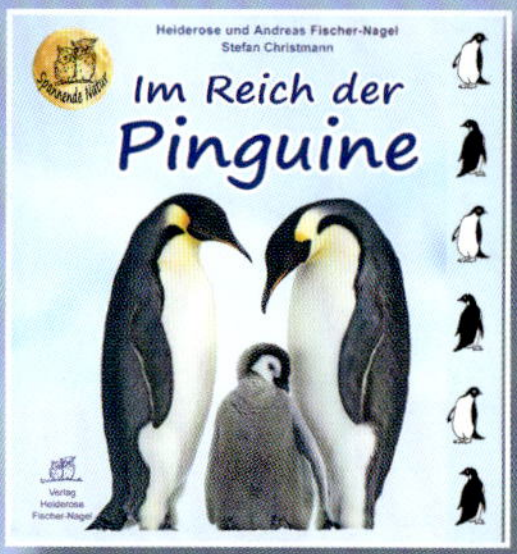

978-3-930038-47-3

978-3-930038-63-3

978-3-930038-31-2

978-3-930038-36-7

978-3-930038-76-3

978-3-930038-73-2

In Ihrer Buchhandlung oder Verlag Heiderose Fischer-Nagel, Brunnenstraße 7, D-34286 Spangenberg-